QBQ!

The Question Behind The Question

问题背后的问题

提高个人责任意识，是解决所有问题的核心

（美）约翰·米勒 著

李津石 朱新丽 译

提高责任意识的行动指南

钻石版

电子工业出版社·

Publishing House of Electronics Industry

北京·BEIJING

John Miller: QBQ! The Question Behind The Question

Copyright 2004 by John Miller

All rights reserved including the right of reproduction in whole or in part in any form. This edition published by arrangement with G.P. Putnam's Sons, a member of Penguin Group (USA) Inc.

本书中文简体字版由 G.P. Putnam's Sons 授权电子工业出版社在中国大陆独家出版发行。未经出版者书面许可,不得以任何方式复制或抄袭本书内容。

版权贸易合同登记号　图字：01-2004-5117

图书在版编目（CIP）数据

QBQ!问题背后的问题：钻石版 /（美）米勒（Miller,J.G.）著；李津石，朱新丽译. —北京：电子工业出版社，2015.4

书名原文：QBQ！the question behind the question

ISBN 978-7-121-25791-9

Ⅰ.①Q… Ⅱ.①米… ②李… ③朱… Ⅲ.①企业管理 Ⅳ.①F270

中国版本图书馆 CIP 数据核字(2015)第 065983 号

责任编辑：马晓云
印　　刷：北京盛通印刷股份有限公司
装　　订：北京盛通印刷股份有限公司
出版发行：电子工业出版社
　　　　　北京市海淀区万寿路 173 信箱　邮编 100036
开　　本：880×1230　1/32　印张：4.875　字数：84 千字
版　　次：2005 年 1 月第 1 版
　　　　　2015 年 4 月第 3 版
印　　次：2025 年 4 月第 19 次印刷
定　　价：36.00 元

凡所购买电子工业出版社图书有缺损问题，请向购买书店调换。若书店售缺，请与本社发行部联系，联系及邮购电话：（010）88254888，88258888。
质量投诉请发邮件至 zlts@phei.com.cn，盗版侵权举报请发邮件至 dbqq@phei.com.cn。
本书咨询联系方式：（010）88254199，sjb@phei.com.cn。

星巴克热情积极的服务态度

统一星巴克上海股份有限公司

　　　　　　　　总经理　徐光宇

统一星巴克台湾股份有限公司

　　约翰·米勒写的这本小书，轻薄短小、容易阅读、言简意赅、发人深省，我已迫不及待地想向大家推荐这本好书了！就在我看完一遍之后，竟然在最后一章的最后一句"再读一遍"的召唤下，又重新看完第二遍。

　　现在为了写这篇推荐文，又看了第三遍，还做了笔记，此刻内心不断涌现"个人责任"概念的重要。甚至，我还在隔天早上的统一星巴克营销体验营中，立即和全体店经理以上的领导干部分享这次的读书心得，就是前一天晚上读完这本书两遍后的感想。

　　我觉得经过这次特别有意思的体验后，我对"个人责

任"的信念，更加强化与提升，在此也特别感谢出版社，给我这次与读者分享的机会。

作者提到：QBQ（问题背后的问题）最终极目标就是"行动"，而要实践"个人担当"的方法就是：先修炼自己的想法，接着能问较好的问题，最后付诸行动。

我们星巴克的每一位工作伙伴在每天营运的过程中，就是不断地实践"one cup at time"（当下专注认真煮好一杯咖啡的精神）这种一次务实地做一个选择的积极态度，正是展现"个人责任"改变世界的方法。

星巴克伙伴透过每一次和客人在店里相遇的机会与瞬间，创造独一无二的服务与体验价值，在此同时也正考验着每一位工作伙伴，是否能承担起咖啡馆的主人精神："承诺用自己的智力、心力和劳力，热情地解决问题，而且绝不再争功诿过。"

这又和作者所提到"个人责任"的重点，不在改变他人，而是先改变自己，进而改变现状的想法不谋而合。个人责任就是个人力量的实践，就是每一位默默领导者日常生活的自我实践。

在星巴克中我们强调"人人领导·人人跟随"，致力创建企业领袖品牌的格局，以谦虚的心与个人担当为领导的基石，然而我们确实还有不懂的地方，仍然在持续努力学习中。

　　我喜欢书中的这两句话："有责任的人会责怪谁？谁都不怪，甚至包括自己在内。"作者还改写了美国著名神学家尼布尔著名的祈祷文："愿上帝赐我平静，接受我无法改变的人；愿上帝赐我勇气，改变我能改变的人；愿上帝赐我智慧，了解我自己这个人。"

个人责任意识是一切的基础

作者米勒在他的博客中曾经回忆了这样一件事：1995年，米勒与 Great Clips 总裁现在的董事会主席 Ray Barton 的一次会面中，他告诉 Ray Barton，他将把推广 QBQ 作为自己的职业，当时 Ray Barton 说："约翰，如果你推广 QBQ 以帮助人们提高个人责任意识，那么你永远不会没有工作了！"

自那时至今，将近 20 年过去了，作者及他的 QBQ 公司，仍然在致力于 QBQ 的推广以帮助人们提高个人责任意识。实践证明，个人责任是组织与个人事业的基础，坚实的基础永远都是需要的。

个人责任，不是老生常谈，也不仅仅是一个话题，事实上，它是一种态度，是一种工作与生活的方式。

作者米勒在关于组织为什么需要QBQ的一篇文章中，特别阐述了目前企业文化建设、企业培训中的一种现象。

他写道，目前在企业文化建设及培训中一直都存在一种误区，组织提供很多技能的培训，如"客户服务"、"管理技能"、"销售技巧"、"变革"、"团队合作"等，这些培训都不错，都需要，但没有一项是围绕工作幸福感与工作乐趣的，他借用博恩·崔西的一句话说，这些培训都缺少"精神糖果"。

大多数组织做错的是，他们在开展这样或那样的企业文化建设、员工培训时，未能首先打好个人责任意识的坚实基础。可以想象一下，员工工作技能再好，但如果——

- 学习了管理技巧，他还去责问："为什么人力资源部招聘不到更好的人？"
- 学习了客户服务代表打电话的技巧，他还是会在私下发牢骚："单位什么时候才能给我涨工资？"
- 学习了销售技能，他还是去指责销售团队内部问题，抱怨市场的竞争状态及渠道冲突等导致了他糟糕的销售结果？
- 学习了现场改善，他仍然会拖延，仍然问："到底什么时候才能改善现状啊？"

那么，再多的工作技能培训，又能在实际工作中发挥多少作用呢？所以说，注重提高个人责任意识技能的发展，打好个人责任意识、主人翁意识、个人担当意识的坚实基础，才是最有价值的。

就像一个人必须先学会走才会跑一样，只有将个人责任意识、主人翁意识、个人担当意识根植于组织的文化中，融入组织的核心价值观，组织才可能更加卓越，员工才可能更加敬业。《QBQ！问题背后的问题》就是帮助员工提高个人责任意识、主人翁意识、个人担当意识的有效工具。

《QBQ！问题背后的问题》本身不是一本纯粹探讨管理理论的学术书籍，全书自始至终找不到引经据典的痕迹。如同《谁动了我的奶酪》的写作风格，作者约翰·米勒以一种通俗易懂的叙事风格讲述了一个深层次的组织理论问题。全书深入浅出，事例生动，核心只有一个：如何提高组织内部成员的个人责任意识。

从企业运行的角度来看，每个企业都难免在运行过程中遇到这样或那样的难题。读完这本书，相信每一个读者都会有豁然开朗之感。许多企业家在管理实践中采取了不少的改进措施，以图提高企业的运行效率。但现实是大部分企业运行效率低下的顽疾仍不见好转。

实际上问题的核心是，企业组织运行效率的高低，除了与其组织架构的设置是否合理、有无完善的规章制度、是否存在有效的激励机制有关之外，还与这个企业的理念体系及文化建设密切相关。理念和文化关系到组织成员的工作态度问题，它对企业运行效率的高低影响也许更大一些。

个人责任意识是一切的基础

人的意识是企业运行好坏的关键要素。个人责任的缺乏导致不断的抱怨和拖延，缺乏个人责任意识，组织和个人都不可能达成目标，不可能获得市场竞争力，实现组织愿景并使个人和团队得到发展也无从谈起。

QBQ 是提高个人责任意识的一种全新解决方案，其核心是转化思维方式，提问方式不再是"谁丢的垃圾？""为什么他们不能做好他们的工作？""我们为什么要适应这些变化？"相反，要开始问所发现问题背后的问题："我怎样才能改善这种状况呢？""为了解决这个问题我能做些什么？"或"我怎样才能改变这样的现状？"

试想一下，如果一个企业的组织成员都养成了这样的个人责任意识和思维习惯，那么这些成员的行为习惯又将对企业组织运行效率的提高，以及执行力的提升带来多大的正向作用呢？

《QBQ!问题背后的问题》简洁、通透，只要花50分钟就可以读完，书中提供的将个人责任融入到日常工作生活的行动指南，可以带来惊人的结果：问题得到解决，部门障碍得以铲除，服务质量提高，团队更加具有凝聚力，个人心情舒畅更加敬业。

每个组织成员，包括"你"，包括"我"，也包括"他"，从每个人自己的责任意识的提高入手，最终将会改造一个企业，乃至一个社会。

希望快速发生这样的变化吗？希望把个人责任意识、主人翁意识及敢于担当作为企业文化的核心价值观吗？那么今天就马上开始阅读《QBQ！问题背后的问题》，把QBQ带入企业吧，由此开始，改变每个组织成员的思维习惯，形成明确的个人责任意识，建设企业的优秀文化。

出版者的话

如何提高责任意识
是一切问题背后的问题

你听到过，或也问过以下的问题吗？

- 为什么我必须忍受这样的变化？

- 什么时候才有人来指导我？

- 谁来为这件事负责？

- 他们怎么没有事先沟通好？

- 他们什么时候才能做好他们分内的事？

- 谁能够解决这个问题？

- 这个问题过头再说？

- 什么时候我才能找到好的人才？

- 为什么他们不能分享我们共同的愿景？

- 这工作该哪个部分负责？

你听到过，或说过以下的话吗？

● 这不是我的问题！

● 这不关我的事！

● 之所以这样，是因为他们……

本书米勒说，以上问题看似理由充分，情有可原，却暴露出个人缺乏责任感（他称之为"个人责任"），并直指当今许多问题的核心，是"问题背后的问题"（The Question Behind the Question, QBQ）——个人责任意识的淡薄。

个人责任意识的缺乏，导致了推诿、抱怨、拖延、执行不力，成为社会的一大流行病。

如果没有强烈的个人责任意识，任何组织或个人，都不可能达到目标，实现愿景，在市场竞争中取胜。

要提高个人责任意识，首先就是不要再问"谁为此事负责？""为什么他们总是不能做得好些？"或者"为什么我们必须忍受这样的变化？"这样的问题，而是首先要问"我如何能够改变现状？""我能为此做些什么？""我应该如何做得不同寻常？"这样一些有助于解决矛盾，改变现状，改进个人生活最有力和最有效的方法。

QBQ 的实践原则就是：

● 个人责任不是通过改变他人，而是通过改变自己力求解决问题；

● 个人责任不是抱怨团队，而是要充分认识个人的

力量；

- 个人责任就是要适应变化，不断完善自我；

- 个人责任就是利用现有的资源与工具实现目标；

- 个人责任就是要作出具有积极作用的选择；

- 个人责任就是要不断自问"我还能做些什么？"。

事实上，无论你身处大企业、小公司或单纯自己开家小吃店、摆个小摊，如果你经常埋怨：为什么经常出问题？又如果你经常怀疑：为什么现在社会上许多人常做的，是把手指向别处，为自己的问题、行为和情绪而怪罪东、怪罪西？那么，也许你可以看看《QBQ！问题背后的问题》这本书，思考一下所有"问题背后的问题"！

本书中简洁、明了、便于行动的 QBQ 的原则，提供了一系列将个人责任意识融入日常工作与生活行为之中的方式，并由此带来令人惊奇的成果——问题得到解决，部门壁垒被打破，服务质量得到改善，团队士气高涨，人员不断成长并从容面对与适应变化，个人生活同样得到改善，心情愉悦，具有成就感。

推荐所有的人都学习一下本书，立刻开始实践，改进工作，改善生活，你的工作和生活将会进入一种新的境界！

《QBQ! 问题背后的问题》大事记

- 2001 年由作者独立出版,至 2004 年,3 年间仅团购直销达 30 万册。其中卡尔森酒店集团旗下丽家酒店(连锁),一次订购 18000 册。

- 2004 年 9 月由美国企鹅出版公司,以"下一本《谁动了我的奶酪》"为定位,在全球正式出版发行。

- 2004 年 10 月登上美国《商业周刊》畅销书排行榜。

- 2004 年 11 月,在《波士顿环球报》"2005 年将主宰商业环境的 101 个人、产品、创意"的评选中,《QBQ! 问题背后的问题》名列第 45 位。

- 2014 年 12 月,在本书出版 10 周年之际,再次获得美国亚马逊网上书店"2014 年度好书"称号。

目 录

QBQ

导言
做个有责任感的人

Introduction   What Ever Happened to...

在美国通往休士敦的高速公路上，有一块横跨道路的高耸广告板上写着这样一行醒目的大字："个人的责任感何在？"

不知道是谁把它矗立在那儿的，但它确实一语说中了我心中一直在思考的问题。说得完全正确。责任感何在？为什么现在社会上许多人常做的，是把手指向别处，为自己面临的问题、自己的行为、自己的情绪，而怪罪东、怪罪西呢？

举个例子：

有一天，我在加油站的便利商店，想买一杯自助的咖啡喝，但发现当时柜台上的咖啡壶是空的，于是我跟柜台后的服务员说："抱歉，先生，没咖啡了。"这时，他指着距离他不到 3 米的另外一位服务员说："添咖啡归她们部门管！"

部门？在一个跟我家客厅同样大小的路边加油站的便利店里？

再举个例子。某越洋班机上，空服人员正通过对讲机广播说："各位旅客，由于负责为本航班提供餐饮及给养服务的部门送错了片子，所以我们将无法为您播放原订的影片，敬请原谅。"——言下之意，不是我的错！

再来看看这样一个例子：在一次我们全家的旅行途中，我进了一家比萨饼外卖店，在点了餐之后，我待在一

边等待取餐。但服务员显然漏掉了我们所点的餐，我踱着方步等待了很久，饥肠辘辘的家人则在车上等待着。但就在我忍不住询问的时候，柜台后的年轻人出其不意地答复我说："嘿，别怪我，我才刚换班哩！"——这与我没关系！

我们常听到——"不是我的错"，"这不关我的事"，"这不归我负责"或"不是我的问题"等类似的话。我觉得高速路广告牌上的文字，说到了我的心坎上，我非常赞同这一观点，看来，肯定也是因为有人对"责任感"的问题感触颇多，才会在高速路旁立这块看板，抒发己见，并警示大家的。

我也是深有所感，才写下这本书的。

那么，谁应该看本书呢？ 我认为曾经听过或问过下列问题的人都应该看看本书：

- "这工作应该归哪个部门负责？"
- "这个部门什么时候才会去做这些他们应做的工作呢？"
- "他们怎么不事先沟通好呢？"
- "谁该为这些失误负责？"
- "我们为什么得忍受这些改变？"
- "什么时候才有人来指导我，给我足够的培训呢？"
- "没有明确指示，我不知道怎么办呀？"
- "为什么没人来协调一下这件事呢？"

　　以上的想法看起来似乎也没什么不正确，但却暴露出了一个我们今天时时在面对，并隐藏在当今组织当中的推诿、抱怨、拖延、执行不力、目标不能达成等许多表面问题背后的核心问题——缺乏个人责任感。

　　现在，应该是开动脑筋、多问些与个人责任有关的问题的时候了，这才是改善组织、改进个人工作及生活效率最有力也最有效的方法。

　　"问题背后的问题"（The Question Behind the Question, QBQ）是工具，它经过多年的开发实践，不断的改进与精练，通过改进个人问话的方式，帮助包括你我在内的每个人，培养个人勇于负责任的精神。

　　我从 1995 年起，开始针对这个观念撰文并发表演说，如今获得的共鸣更胜以往。几乎每天我都能听到关于通过 QBQ 的培训，提高了个人责任感，从而提高了生产率，获得了最佳团队合作，减轻了压迫感，关系更健全与融洽，提供给顾客更好的服务等的成功案例。

　　大家认同 QBQ 的一个原因，也是因为 QBQ 除了使企业受益外，同样使个人也从中受益：一旦开始学习并实践 QBQ 式的思考方式，似乎会有渐入佳境的感觉，万事通络，心情平和，从工作与生活中获得更多的乐趣。

　　选择做一个有责任感的人，生命将更充实、更愉悦。

　　所以说，如果你曾听过前面列出的问题，如果你因为

他人欠缺责任感而沮丧，甚至，如果你从自身也觉察到会有上述某些想法，那么你一定要读这本书。请慢慢领会书中的道理吧！

个人的责任感何在？

读后感

1

QBQ

关于个人责任

A Picture of Personal Accountability

那是阳光明媚的一天中午，在明尼阿波利斯市区，我经过一家叫"石邸"的餐厅，想吃顿简单的午餐。

餐厅就餐的人非常多，赶时间的我，很庆幸找到了一张吧台旁边的凳子坐了下来。几分钟后，有位年轻人端了满满一托盘要送到厨房清洗的脏碟子，匆匆从我的身边经过。他用眼角余光注意到了我，于是停下来，回头说道："先生，有人招呼您了吗？"

"还没有，"我说，"我赶时间，只是想来一份沙拉和两个面包圈。"

"我替您拿来，先生。您想喝点什么？"

"麻烦来杯健怡可乐。"

"对不起，我们只卖百事可乐，可以吗？"

"啊，那就不用了，谢谢。"我面带微笑，说道："请给我一杯水加一片柠檬。"

"好的，先生，马上就来。"他一溜烟不见了。

过了一会儿，他为我送来了沙拉、面包圈和水，我向他道谢，这次他又一溜烟不见了，留下我这位满意的顾客开始享用着餐点。

过了一会儿，突然在我的左边有人直冲我过来，一股"热情的气息"掠过我的身后，然后一双"服务员的长手臂"越过我的右肩，送来一罐外表冰凉、内在沁心的——你猜是什么——一听健怡可乐！

我回头一看，就是刚才为我提供服务的那位服务员。

"哇！"我说。"谢谢你！"

"不客气。"他微笑以对，立刻又赶到别处去忙了。

我的第一个念头是："把这家伙挖过来！成为我的雇员，不管多费事！"他显然不是一个一般的服务员。

我越是想到他做的那些额外的事，就越想找他聊聊。于是当他注意到我的时候，我招手请他过来。

"抱歉，我以为你们不卖健怡可乐？"我问。

"没错，先生，我们不卖。"

"那这是从哪儿来的？"

"街角杂货店，先生。"

我惊讶极了。

"谁付的钱？"我问。

"是我，才2块钱而已。"

听到这里，让我不禁为他专业的服务所折服，我原本想说的是"你太棒了！"，但实际却说："少来了，你忙得不可开交，哪有时间去买呢？"

面带笑容的他，在我眼前似乎变得更高更大了。"不是我买的，先生。我请我的经理去买的！"

我简直不敢相信。这不就是"权力下放"的观念吗？我猜我们每个人肯定都会喜欢这样的情景——看着自己的"老板"，说道："帮我弄杯健怡可乐来吧！"多棒的场面呀。

但是更进一步想，他的所作所为，正是"个人责任"与"问题背后的问题"（QBQ）的最佳写照。我们会在接下来的几章中详细探讨 QBQ，但此刻先来看看这位服务员的思考方式，以及他做的决策。

当时是中午就餐的高峰时段，他已经几乎忙不过来了。但是，他注意到有一位顾客好像必须招呼，于是决定尽力帮忙，尽管这位客人并不在他负责的服务范围之内。

我当然不晓得他当时在想些什么，但许多人在面对类似状况的时候，最多想到的却是：

"为什么每件事都该我做？"

"到底是谁负责这区域？"

"要等到什么时候，管理阶层才会提供更多的商品？"

"为什么老是人手不足？"

"顾客要到什么才能学会读菜单？"

类似的问题与感受是情有可原的，尤其在工作劳累、情绪沮丧的时候更是如此。然而，以上的想法全都不可取，不仅对工作与情绪只能带来负面的影响，而且无助于改善现况。

在本书其他的篇章里，我将把这类问题称为"错问题"或"不正确的问题"，原因是提出这些问题既没有正面积极的作用，又缺乏行动的力量。这些问题也与"个人责任"

的精神背道而驰，因为每个问题都在暗示其他人或其他某事应该为问题或状况负起责任。

然而不幸的是，这些不正确的问题，往往正是最早进入我们头脑中的。在碰到问题、情绪沮丧或面对某种挑战时，一般人往往先产生负面和防卫的反应，这时最先出现在脑海中的，就是这样的"错问题"。

然而如果从好的方面来想的话，可以认为：碰到困难的时候，也正是立功的大好机会呀！

以 QBQ 的方式进行思考，恰巧能帮助大家好好把握这些机会。

当脑中浮现"错问题"时，我们可以选择接受——

"对呀！到底要等到什么时候，才能获得更多协助？"

也可以选择拒绝，并提出更好、更有责任感的问题——

例如："我该如何改变现状？"以及"我该如何尽自己的力量，来支持我的团队或组织？"

总而言之，QBQ 的精髓是：

借由提出更好的问题，立刻作出更好的选择。

那位服务生正是如此。他没有提出"错问题"，因此没有被眼前的状况引导到负面去，相反的，他当下便整理了自己的思绪，提出了更好的问题，作出了最好的选择。

　　撇开其他因素不谈，他的行为清楚地表现出那是有责任感的思维，例如："我如何能帮上忙？"以及"我如何为你提供更好的服务？"并最终解决了当时面临的所有问题。可以说，得到了双方都非常满意的结果的前提，正是由于他所作出的选择。在离开餐厅前，我给了他一笔"不算小"的小费，我跟其他人一样，把找来的 25 分的硬币放在了吧台上（骗你的啦，其实我放了好几块钱的小费。他真的当之无愧。）

　　几个月后，我又再次到那家餐厅用餐。当我问到"我最喜欢的服务员，雅各布·米勒（与我同姓）"时，老板娘说："抱歉，先生，雅各布已经不……"

　　我马上想："天哪！你们竟留不住这么优秀的服务员？你们留不住一位会关注顾客的人，一位心里能为顾客想到'现在我能为你提供什么服务'的人？"我真不敢相信他们竟放他离去。

　　我真是什么也不想对老板娘说了，于是打断她的话："天哪，你们留不住他吗？你们让他离职了吗？"

　　机灵的老板娘答道："喔，不是啦，先生，我们没让他走，而是让他升任管理职位了。"

　　我的第一个念头是："管理职位？真是浪费人才！"（如果你是一位经理，想笑尽管笑吧。）

　　其实，在了解了雅各布的思维方式后，我对他能如此

快速地升职，朝向个人职业更高的目标前进并不意外。这也正是个人责任所造就的个人事业的不同之处——到头来每个人都是赢家：顾客、同事、组织、个人。

至于雅各布本人呢，撇开小费与升迁不谈，我也相信，雅各布提出了更好的问题，做了更好的选择，并负责任地完成一天的工作之后，他也收获了最愉快的心情，以及对自己工作的成就感。

> 个人责任感的不同，造就了个人事业的差异。

读后感

2

QBQ

做更好的选择

Making Better Choices

　　在我们搬到丹佛市不久，就发现一种以前从未见过的东西：羊头草。它是一种生长在这一带的植物，果实带刺，外型像山羊头，有耳朵、犄角和鼻子。

　　羊头草果以犄角朝上的方式掉落地面，万一不幸踩到，或者被脚踏车轮胎碾过，扎破鞋子或轮胎，足可以让你大大扫兴一整天。

　　然而事实是，如果你一直就住在这一带，这种植物并不会引起你太多的烦恼，只不过可能会多更换几次自行车轮胎而已。的确也是，自从搬到西部的几年来，我们更换自行车轮胎的次数，比住在中西部的所有时间中更换的轮胎次数还要多。在这里，即使是轮胎最厚的山地车，比较细心的骑车人也会为了防止羊头草，而采取多重防护措施。

　　每一天，在面对个人与职业生涯中未曾探索过的荒原时，我们通常有无数多个选择要做。选择什么呢？不是下一个行动，而是"下一个想法"。

　　选择了"错想法"，等于是落入了羊头草情绪中——面对并不一定造成太严重后果的枝节问题，不断地烦恼、抱怨、责怪与拖延。

　　相反地，如果选择了"对的想法"——不过是多换几次轮胎而已，并以更正面的心态，去体会我们搬到这里的更多好处——生活更富裕了，人生更丰富了，感到了生活的尊严，收获了工作的成就，而这一切，都是因为我们作出的搬到丹佛市这一选择所带来的。

QBQ 的基本精髓之一就是，每个人都需要为自己的所作所为作出选择，不但有责任为自己作出最好的选择，而且要为作出的选择负责。有时人们自以为别无选择，因此说出："我不得不"或"没办法"的话来，殊不知任何人永远都有选择的余地。永远！即使决定选择"不"，也算是一种选择。有了这样的认知，并为自己的选择负起责任，生命中美好的事物就将离你不远了。

你想远离羊头草烦恼，以愉悦的心情去体会和享受生活中美好的事物吗？

请做更好的选择吧！

读后感

3

QBQ

问更好的问题

QBQ! The Question Behind the Question

现在，我们来谈谈提升"个人责任"的工具"——QBQ。

"问题背后的问题"建立在这样一项调查的基础上：

几乎所有人在第一时间对外界事物，往往会作出负面的反应，脑海中浮现出"错问题"。

但是，如果每当需要作出选择的时候，我们都能够先以客观的思维方式，再深层次地考虑一下最开始面临问题背后的问题，或者说导致问题的真正内涵到底是什么，然后进一步修正一下自己的想法，再提出更好的问题，那么提出的问题本身，就将能够引导我们获得更圆满的结果。

QBQ 的指导原则之一是：

答案就在问题之中

换句话说，提出更好的问题，就会获得更好的答案，从而得到更佳的结果。因此 QBQ 的精神，就是"提出更好的问题"。

那么如何分辨问题的好坏呢？比较好的问题究竟"长"什么模样？

本书将帮助读者分辨并提出比较好的问题。对初学者来说，以下是创造 QBQ 的三项简单指导原则：

1. 以"什么"或"该如何"这两个词来发问，而不是用"为什么"、"什么时候"或"谁"。

2．在所有问题中包含"我"字在内，而不是只包含："他"、"他们"、"我们"、"你"或"你们"。

3．把问题的中心词放在动词上，也就是放在行动上。

比如说，"找能做什么？"就是最佳范例，这句话以"什么"这个词来发问，包含"我"字在内，并将问题的重点放在了"做"这个行动上。

"我能做什么？"说得简单，但可别被它的简单给骗了。QBQ 就像宝石，由许多切割面所组成，在接下来的几章中，我们将探索这些切割面，看看 QBQ 的发问方式，将对你我的生活造成多大的影响。

我能做什么？

读后感

4

QBQ

不要问 "为什么?"

Don't Ask "Why?"

你听过下列的问题吗？

"别人为什么不认真点？"

"这种事为什么落到我头上？"

"为什么他们要为难我，让我没法好好做事？"

……

请你试着大声把问题说出来。说出问题后，你的感觉如何？当我说出这些问题的时候，感觉自己像受害者般的软弱无力，用"为什么是我"的语气发问，等于在说："我受到了周遭的人和事物的陷害，我受到了不公平的待遇，我无奈。"怎么样，以这种形式的问题提问，完全没有任何积极的因素，对吧，但这样的问题，我们却经常挂在嘴边。

请注意：如果你曾经接受过关于运用"五问为什么"来探究解决问题的方案或者提高销售业绩的培训课程，请注意那些也都是有用的方法，但其着眼点与思维方式，与我们这里讨论的问问题的方式是不同的。

在这里我们提出的是，以"为什么"这个词提出的问题，它们带有"我是小媳妇"的语气与心态，让人一听就把你归类为典型的可怜虫。

任何人都可能掉进"为什么"的陷阱。有一次，我问一位部门经理，有多少人为他工作，他说："大概半个人吧！"虽然是句玩笑，但是像他这类的管理者，无疑也可能会提出错误的问题来，比如："为什么我总是找不到好

4 不要问"为什么？"

员工？""为什么现代的年轻人不像我们年轻时那样认真地工作？""为什么我得不到上级领导的进一步指示？"等。

以上都是"小媳妇心态"的思维方式。在我们的现实生活中，以这种方式思考问题的例子实在是太多了，可以说随处可见。

有一次我搭乘长途飞机，旁边刚好坐了一位五十五岁左右的男士。为了消磨时间，我们互相自我介绍，然后就从一些客套话开始聊了起来，像是："你到哪儿去？"以及"请问在哪高就？"等。

原来他在亚斯班附近还拥有一栋屋子，刚从那儿度完二十一天的滑雪假期回来。"哇！"我心想，"在亚斯班度假二十一天，这家伙肯定收入不菲。"他接着说他住纽约市，在华尔街上班。你猜他做哪行的？不是一般人第一感觉的股票经纪人，而只是一个代理个人伤害诉讼的律师。

当他问我从事哪一行业时，我顺口说了个简单的答案："写作、演讲。""哦，真的？"他说，"真的！你都讲些什么？"我心想有什么不能说的呢，于是回答，我一直在倡导"个人责任"的观念，与此同时，我心里闪过一个念头，"个人伤害"——"个人责任"，哈，他会不会将我的话理解为反话，或是一种讽刺？看来我猜中了，他开始有点坐立不安的样子，我可以猜到他的想法——为什么我会挨着这个家伙坐呢？

最后我为了澄清，又说："其实我写作、演讲的目的是

帮助包括我在内的每个人，除去生命中的'小媳妇想法'！"

我想他也许理解了我的意思，但是他站了起来，四处走动，并且从此我们之间再也没说话。

我对他这个人或他的职业其实没有任何的偏见，只不过是在他不断的询问下，提供满足这方面需求的答案罢了。然而，在我们这样一个需要频繁人际交往的社会，如果以"我怎么会遇到这种事？""为什么他这么做？"的方式思考问题，小媳妇心态就会自然产生了。

然而在我们对当前病态的社会现象摇头叹息时，可别忘了社会是由你和我在内的个人所组成，因此如果想摆脱"小媳妇想法"，最好先从自身做起。

QBQ 的第一项指导原则是：

所有的 QBQ 必须以"什么"或"该如何"发问，而不是"为什么"、"什么时候"或"谁"。

再看一遍本章开始时提出的三个"为什么"问句，想想如果改用以下问题取代，情况会是怎样：

"我今天该如何把分内工作做得更好？"

"我能做什么来改善现状？"

"我能运用哪种方式，作为别人的后盾"

5

QBQ

克服"小媳妇"心态

The Victim

　　我收到一位男士的电子邮件，说他在过去十年的军旅生涯中，每当问题发生时，部队长官可以接受的惟一回答是："责无旁贷，长官！"——没有任何借口！他接受了它、相信它并奉行不悖。

　　当他脱去军服，回复平民身份，开始为某大食品公司担任地区经理时，表现得却不如公司预期，他对自己也不甚满意，就在接受公司内部举办的个人责任与 QBQ 训练前夕，他到上司面前问了以下问题：

　　"你为什么不多给我一些时间？"

　　"你为什么不多指导我？"

　　"我们为什么不能提供更有竞争力的价格？"

　　"我们为什么做不出一些新产品？"

　　"营销部为什么不给我们更多支持？"

　　电子邮件的结尾说："在学过 QBQ 以后，我突然领悟到，在我弃军从商的短短数年间，我已经变成自己最痛恨的'小媳妇'了。"如果这位男士在"没有任何借口"的军旅中磨练十年后，竟然还是落入"小媳妇"的想法，也难怪每个人都得提防"小媳妇"进入自己的生命中了。

6

QBQ

"为什么这种事
总是找上我？"

"Why is this happening to me?"

　　承受压力是一种选择。你相信吗？有些人说什么也不信。他们认为自己是被生活中自身以外的人或事压得喘不过气来，压力来自很多不能自己掌控的方面，像是经理、同事、顾客、老板、交通、天气、市场状况等。不过，这个想法错了。

　　的确，人有旦夕祸福。经济萧条、事业艰困、股市崩溃、失业、同伴一会儿一个想法、没赶上时间期限、项目失败、好员工留不住……生命中这样的事情多得是。

　　如今，尽管压力还是一种选择。无论压力因何而起，你我永远能选择自己的回应。

　　要么选择愤怒以对，要么压抑情绪做个闷葫芦，更可以选择着急上火。当然，也有这样一位，他在他的办公桌上立了个牌子，上头写着："我面临过许许多多的问题，但大部分我都解决了。"

　　不同的人对相同的状况会作出不同反应。所以我说，压力是一种选择。

　　压力也是我们选择的结果。当我们选择问："这种事为什么落到我头上？"时，会觉得自己软弱无力，毫无控制的权力，于是引导我们进入一种压力巨大的"小媳妇"心态。其实就算我们真的是小媳妇，即使这样的感觉与情绪也的确没错，但是如果一直用"为什么找上我？"的方法想问题，其结果也只会使压力越来越大。

7

QBQ

"我怎么会碰到
这么倒霉的事?"

"Why do we
have to go through all this change?"

十二岁那年的某个礼拜天午后，史黛西和当过飞行员的父亲登上了赛纳单引擎飞机，准备一起享受飞行的乐趣。飞机起飞后不久，他们就飞行在密歇根湖上空一英里的地方了。但是，这趟愉快的父女探险被一件突如其来的意外打断了——引擎熄火了。

父亲转头看着她，用一种平静、让人放心的口吻说："亲爱的，引擎不动了。看来我得用不同的方式开这架飞机了。"

好一句有趣话："用不同的方式开这架飞机。"

史黛西的父亲知道，一旦出现新挑战，或者现实条件改变，往往必须采取不同的策略。现实条件改变是如此，市场改变、人的改变也是如此。今天某种做法奏效，明天就不见得还管用，因此我们必须准备一整套应对的方案，以便在引擎意外失灵时派上用场。

为了重新发动引擎，他们需要具有更快的空中速度。史黛西的父亲于是跟她说，他将驾驶飞机向下坠落，同时会不断敲击机舱中的引擎点火开关，以尝试再次发动引擎。（在她讲到这里的时候，我的脑海中浮现的是一架飞机，正朝着冰冷的、深不见底的密歇根湖水直冲下去的画面）

史黛西明白这其中的含义，同时感受到了向下的重力加速度的影响，她立即点头同意爸爸的做法。（这可不必

上呈总部，交由委员会定夺。）

父亲让飞机进入了俯冲状态，并拼命按着点火开关，可是情况依旧。飞机越来越接近水面。他说："史黛西，抓牢喽！我们再试一次吧。"他们又一次向下俯冲，随着飞机速度逐渐加快，父亲再次猛按开关。啊，这次引擎发动了，先是发出了一点象征希望的响声，最后终于发出令人安心且熟悉的轰隆巨响。

二十分钟后，他们安全着地。就在那时，这位"泰山崩顶而面不改色"的家伙，这位"天不怕、地不怕"的父亲，这位无所畏惧的大丈夫，转头看着他十二岁的女儿，慈爱地轻轻拍着她的肩膀，说道："听好啦，小甜心，你爱做什么都行，就是别告诉你妈妈！"

我爱极了这个故事。不单是它的戏剧性与幽默，也因为故事中提到了处理变局的方式。在面临新的状况时，史黛西的父亲以行动解决问题，如果他抗拒改变，把时间花在无谓的拖延、发牢骚与抱怨上，提出："天呐！我以前可从来没有碰到过这种情况呀！"或是"我们为什么会碰到这么倒霉的事？"的错误问题，结局可能就会大不一样了。

你碰到过棘手难办的问题吗？最近在你的生活中，是否发生过就像引擎突然熄火这样的危机状况呢？如果答案是肯定的，那么试着以正向的、对解决面临问题有用的方式提问吧。

> 　　所以，相对"我怎么会碰到这么倒霉的事？"
> 这个错问题，提出的正确问题应该是："我该如何
> 应对这样的状况？"

8

QBQ

"他们为什么
不沟通好呢?"

"Why don't they communicate better?"

　　过去多年来，我在多次工作中，曾一再目睹以下的场景。我先问："你的组织正面临哪些重要课题？"一般而言，答案不是变革或竞争，而是——沟通。

　　无论是在企业的战略、管理、营销上，还是处理人与人之间的关系上，出现的很多问题，都是因为在沟通上出了毛病所导致。出现问题后最常听到的问题就是："他们为什么不沟通好呢？"

　　事实上，沟通不仅意味着自己被对方了解，也包括了解对方。

> QBQ 的问法是："我该如何更了解对方呢？"

9

QBQ

别问 "什么时候?"

Don't Ask "When?"

"他们什么时候才会解决这问题？"

"顾客什么时候才会给我回电话？"

"我们什么时候才能获得决策所需要的信息？"

当我们问"什么时候？"，表示我们自己别无选择，只能在一旁干等，把行动推迟到未来，把对问题的解决寄希望于未来的某个时候。所以，问"什么时候？"这样的问题，终将导致问题解决的拖延。

我相信多数人其实无意拖延。肯定没人会一大早起床，便说："我今天的目标是拖延！"（就算拖延大王想这么说，还是会拖到明天再说。）

但拖延是个很严重的问题，我们把某件事拖到晚点再做，然后再晚一点、再晚一点，等赫然发现时，该做的事已拖无可拖，甚至酿成严重问题。

你的人生中有任何拖延的情形吗？几乎所有的人都会毫不犹豫地承认有过拖延，也认为"拖延"确实是个严重的问题。如果拖延是多数人会造成的问题，也就会是大多数组织面临的问题。拖延的后果如何呢？拖延了该做的事情，就表示失去了宝贵的光阴，也牺牲了生产力。团队可能无法朝制定的目标前进，完工的期限被错过等。

我的一位客户曾经说过："长远的愿景与战略的规划都是非常需要的，同时我们也需要关注那些必须在午餐前完成的事情！"

拖延也会使压力上升。事情越积越多时，我们开始感觉难以招架，于是工作没了乐趣。说穿了，拖延让每位相关人士身心损失严重。

既然我们非常清楚拖延的危害，我们为什么又明知故犯呢？确实有些值得深究的理由。但老实说，我更喜欢谈解决的方法。

其中一种方法，就是停止问一些推卸责任的问题，也就是"什么时候？"这类的问题。相反的，相对本章开头提出的三个错问题，我们应该问的 QBQ 是：

"我能提供什么解决方法？"

"我如何以更有创意的方式接触客户？"

"我该如何取得决策所需要的信息？"

请记住：解决拖延的答案就在所提的这些问题之中。

QBQ

读后感

10

QBQ

都是拖延惹的祸

Procrastination: The Friend of Failure

　　我决定将一张旧的大型木书桌送给我的朋友。桌上覆盖了一块四分之一寸厚、五乘三尺见方的透明玻璃，朋友不想要那块玻璃，于是当我们在某个星期六的大清早，将旧书桌运到他的卡车上时，就随手把玻璃靠在了车道旁的篮球架的柱子上。

　　朋友把书桌运走前，提醒我说："你最好把这块玻璃摆在比较安全的地方。"我大声回答："我会的！"但我没有。我看着那块玻璃，告诉自己待会儿一定要处理。之后一下忙着修剪树枝，一下忙着清理车库，只是每次只要走过那块玻璃，我就告诉自己应该在它被撞破前尽快移走，然而我只是一直想：待会儿、待会儿。

　　一天下来，我们一家人决定出去吃晚餐。当车子倒出车库时，我太太凯伦说："我们是不是应该把这块玻璃放在比较安全的地方呢？"你一定晓得我怎么回答她的。

　　几小时候后，我们乘着暮色回家，大伙一下车，全都直奔屋内。这时我看到一把小型修草剪子被摆在了街灯下、靠近车道的地方。我跟九岁的儿子迈克说："迈克，可不可以请你去把剪子拿回来，帮我放回车库里？"迈克答应一声，就朝放剪子的方向跑去，而我继续朝屋子走去。

　　那是个安静无声的礼拜六夜晚，直到寂静被我从未听过的惨叫声划破——伴随儿子的大声尖叫，我听见一大块玻璃被撞碎的巨大声音。

我立刻意识到发生了什么情况，我也知道原因。我冲出车库，发现迈克仰天躺在车道上，肚子上有几百片碎玻璃，有些长度超过一尺。我抱着号啕大哭的他跑到屋前阳台，在灯光下检视他的伤口，心里已经做了最坏的打算。

但是，我简直不敢相信自己的眼睛：竟然连一点擦伤都没有！实际情况是，迈克往前跑的时候撞上了玻璃，在玻璃摔落在车道的刹那间，他刚好跌在那上面，但是身上竟然没有受伤。我们的庆幸之情溢于言表。

为什么会发生这事件呢？因为拖延。我明明知道应该把那块玻璃搬走，而且这么做根本花不了几分钟，但是我却一再拖延不做，直到差点酿成一场大祸。

让我们在事情还不严重时，就把它处理掉吧！

QBQ

读后感

11

QBQ

在现有的
资源下做出成绩

"When will we get more tools
and better systems?"

我们经常也听到这样的问题：

"我们什么时候才能得到更多更多的支持？"

"什么时候才能获得更多的工具？"

"什么时候规章制度才能完善？"

许多人也曾听过这样一句俗话："创造就是跳出框架思考。"这句话颇有道理，但是我认为真正的创造应该是：

在框架之内获得成功。

正中标的、达到目标、把工作做好并改变现状，这就是 QBQ 的作风。

每个组织的制度都不可能完美，资源也有限，或许我们希望能拥有更新的工具、更完善的制度、更多人手，以及更高的预算，但花太多时间思考应该拥有哪些条件，却是造成拖延的另一个原因。

举例来说，管理者要等到所有适当的人选就位才愿意把团队建立起来；个人也要等到准备妥当一切资源才来做决策，或者等所有问题都有答案之后，才肯付诸行动；再或者等待有关的规章制度出台，才肯开始工作

而现实与造成以上行为的初衷恰好背道而驰，在现有资源与条件下努力获得的成功，反而更可能实现最初指定的愿望与目标。

11 在现有的资源下做出成绩

我们来听听国农保险公司的韦伯所说的智慧话语：

"我发现，每当我利用现有资源与条件努力完成工作时，我反而会获得越来越多的资源，并越来越容易完成工作。"

所以说，"种瓜得瓜，种豆得豆"真是千古不变的道理。

一味将注意力放在不存在的事物上，只是徒然浪费时间与精力。如果想改变现况，反而应该努力在框架之内获得成功。

相对本章开始所问的错问题，QBQ 的正确问题是："在现有的资源下，我该如何做出一番成绩来？"

读后感

12

"还有什么新办法
可以用?"

"When are we going to hear something new?"

推销可能是一种要做好很困难的职业，但并不复杂。只要勤练基本功夫，比如：勤奋，和潜在的顾客联系，让客户相信产品和服务的价值，以及推销结果的后续追踪等，这样成功的几率就比较大。

不过，数不清有多少次，推销人员会问我："米勒，我已经上过初级销售技巧的课，那接下来呢？"有时候，经理也会问我："想想还有什么办法？"猜我怎么回答？啥都不必上也不必想！问题不在欠缺新点子，而是不了解"旧点子依然很有用"及"是否充分应用了旧点子"这一事实。

以下论点可能不符合每五分钟就有改变的高科技行业，但是如果谈到组织与生命的基本原理，可以说老生常谈的旧东西才是好东西。

在"老毛病得慢慢改"的理由下，我们的组织在九十天内频频引进"蓝方案"、"红计划"和"绿方法"，希望它们能多少改变现状。然而，收效甚微。

其实，我们并不需要"新"事物或"热门"话题，我们真正需要的是日复一日地练习"个人责任"这类老生常谈的基本功。

"还有什么新办法可以用？"是个错问题。

QBQ 正确的问法是：

"我应该如何更好地运用现有的办法？"

即使这些办法早就听过了或应用过。

13

少责怪别人

Don't Ask "Who?"

"谁的错？"

"谁没有在期限内完成？"

"谁的失误？"

问以上"谁"的问题时，我们其实是在找替罪羊，找个责备的对象。在目前谈到的所有观念中，"责备"是最普遍而且最容易产生不良后果的。请看下面这幅图。

企业的招牌动作：
责怪别人的手势

双臂交叠、手指别人的样子，我称它为"企业的招牌动作"。如果有组织想用某个标志来象征他们的组织文化现状，这幅图经常派得上用场。

有一次，我坐车从犹他州的雪鸟滑雪度假村到盐湖城

机场时，与司机聊了起来，结果发现他还身兼这家运输公司的业务经理。当话题转到"责怪"时，他说："喔，我们公司充斥着一大堆责怪哩！"

"真的？"我希望他继续说。

"是啊，"他说，"客户接待人员责怪调度人员，调度人员责怪司机，司机责怪销售业务人员，而销售业务人员又责怪我……"

我打岔道："贵公司有几个人？"

"十二个。"他说。

十二个人！可见，玩责怪的游戏是不需要很多人的。

从最小的团体到最大的企业，从最基层群众到全世界最有权势的人，一种名叫"责怪"的瘟疫正蔓延开来，几乎无人得以幸免。

CEO 责怪副总裁，副总裁责怪经理，经理责怪员工，员工责怪客户……学校责怪家长，家长责怪孩子，爸爸责怪妈妈，妈妈责怪她的经理，经理责怪副总裁，副总裁责怪 CEO……没完没了。以上是所谓的"责怪链"，正因为它如此真实，因此带有一些滑稽的成分在内。

责怪以及问"究竟是谁搞的鬼"，对解决问题根本于事无补。反而会制造恐惧，摧毁创造力，在人与人之间筑起高墙。

不集思广益，通过团队合作把事情做好，而是激烈地

互相指责，将最终导致一事无成。

　　如果我们不能停止互相指责，踏实地开始关于个人责任意识的提升与培养，就不可使我们的潜能最大限度地发挥出来，从而解决当前的问题。

QBQ 的问题是：

　　"我该如何解决问题？"

　　"我如何尽自己的力量推动这项计划？"

　　"我该做哪些事，来一肩扛起眼前的成败责任？"

14

QBQ

无能的水手责怪风向

A Poor Sailor Blames the Wind

不知道你有没有听过一句俗话："无能的水手责怪风向"？还有"无能的工匠责怪工具不好"，或是"无能的教练责怪球员差"？让我们进一步探讨这个观念，再玩点有趣的游戏，自己来填一填下面的空：

无能的老师责怪＿＿＿＿＿＿＿＿＿＿＿＿

无能的业务员责怪＿＿＿＿＿＿＿＿＿＿

无能的父母责怪＿＿＿＿＿＿＿＿＿＿＿

无能的经理责怪＿＿＿＿＿＿＿＿＿＿＿

无能的员工责怪＿＿＿＿＿＿＿＿＿＿＿

无能的青少年责怪——世界！

有责任的人责怪谁呢？谁都不怪，包括自己在内。

15

QBQ

我们全在
同一个团队里

Silos

"真的？你在开玩笑吧！"我说。"贵公司没有'我们/他们'这样的部门界限综合症吗？"凯文是一家公司的运营副总裁，他摇着头微笑着对我说："是的，没有。"

"哇，没有发生过部门与部门之间的摩擦，没有跨职能之间的摩擦，没有子公司与总公司的摩擦，没有管理者与员工的摩擦，没有'我们/他们'这样的部门界限综合症？！"

我才不信呢，如果真是这样，那将会是我见过的第一个没有这类问题的组织。

"也不是啦，"他不自然地笑了笑。"虽然没有'我们/他们'部门界限综合症，可是有'我们反对他们'的问题！"

凯文颇为自得其乐，"当然，我们有'我们/他们'部门界限综合症，可是哪个组织没有呢？"原来他是用比较隐晦的措辞来说这一问题的。

我遇到的另一位高级主管则用一种很直接的方式回答我的询问："米勒啊，我可以用一个字归纳所有问题，那就是：'遮遮掩掩，文过饰非'。"

你的组织是否有财务部、销售部、制造部、营销部、研发部、行政部、企业总部或分支机构单位之类的推卸责任的挡箭牌吗？你听过有人声称："这不干我的事"，"这归××部门管"，而与此同时公司的内部屏障也越来越高、越来越强大，乃至无可动摇？有一家大型企业的销售业务公司，称企业总部为"扯后腿俱乐部"。一次，我在打电话问一笔过期未送的订货时，听见负责客户服务的接待小姐对我说："什么？还没送货？看来货运部又跟我们过不去了！"

我们？她以为自己身在哪个团队啊？

尽管组织会投入时间及资源来建立团队精神，但我们似乎仍忘记了这样一项简单的事实：我们全都是在"同一个"团队里。

每一天，我们都看见到不同的团队、部门、机构以及个人，因为彼此交叉的目的而共同工作着。如果我们所谓的"团队"，整天打着口水战，争吵抱怨"别人"不"把分内事情做好"，这种隔阂与对抗，只会内耗组织的生命力。好比骑着双人自行车的两个人，各自却朝着不同的方向使劲，即使费力踩了大半天，依旧在原地空转，甚至还会导致自行车倾倒。

在竞争者每天处心积虑想击败我们的情况下，你觉得还有闲工夫来扯彼此的后腿吗？让我们从自己的挡箭牌中爬出来，把"我们/他们"的想法抛诸脑后吧。

请记住：我们全都是在同一个团队中。

我们全在同一个团队，如果我们经常争吵、抱怨、推脱、对抗，只会内耗组织的生命力，你愿意看到这种现象吗？

读后感

16

QBQ

击败你生命中的裁判

Beat the Ref

　　我的父亲吉米·米勒在康奈尔大学担任摔跤教练长达二十五年。当他终于让我披挂上阵时，不断提醒我要击败三个人：我的对手、我自己以及裁判。

　　击败对手的道理显而易见，而击败"我自己"的意思，则是克服任何运动员内心自己产生的恐惧感。父亲对击败裁判的解释则是："无论双方的实力多么接近，无论比赛是以何种方式结束，即使你只在加时赛中才输了一分、即使他做了几次有问题的判决，你还是不能责怪那位身穿黑白条的人。"于是，父亲的结论是："如果想赢，就得厉害到能击败裁判！"

　　厉害到击败裁判。意思是说：

- 身为业务员，要足够成熟到能够平静地说："我业绩不如人。"而不是抱怨产品、价格以及没打广告。

- 身为团队成员，绝对不能说："为什么别人不尽自己的本分呢？"

- 身为经理人，不能抱怨说："我的属下为什么这么笨？"更不能抱怨上司："他们为什么不正确地指导我们应如何做呢？"

　　谁是你生命中的裁判？存在哪些无法控制的人为或非人为因素阻碍了你的成功？是因为管理者管得太多，以致你很难把事情做好，还是组织的制度没有完善，浪费了

许多时间？要不就是个人状况使你心力交瘁？

无论我们试图成就什么，总有某些障碍等待克服，而且往往是无法掌控的障碍。别把注意力集中在障碍上，让我们努力充实自己，如此，不论裁判多不公平，我们依旧能成功。

如果你想赢，别抱怨那些无法掌控的事。不断修炼自己的内功，让自己厉害到足以击败生命中的裁判吧。

> 如果你想赢，就要击败三个人：你的对手、你自己以及裁判。

QBQ

读后感

17

QBQ

谁为发生的
问题负责?

"Who dropped the ball?"

那天的湿气很重，我在休士敦登机时，发现机舱中非常拥挤，而且极其闷热。登机的乘客显然是超员了，而每个乘客似乎都有三件大型随身行李。在机舱的前部，有好几位乘客登机牌上显示的座位号竟然是一样的，而且乘务员也没有采取任何妥当的补救措施。机舱内的气氛有点紧张。

在全体乘客整整枯坐了一个多小时之后，舱门终于关上了，飞机开始在跑道上滑行。但是，我们却没听到机组人员关于此事的任何解释。这无疑进一步加重了机舱内的紧张气氛。

谢天谢地，飞机终于起飞，而就在这时我认识了一位具备 QBQ 精神的英雄。

第一次见到空服员博妮塔时，她正神采奕奕地分发手臂上挂着的耳机。她笑容可掬，仿佛乐在其中。当时正是圣诞节的前一个礼拜，她戴着红绿相间的圣诞老人帽，帽尖垂到了一边的肩膀上。

发耳机时，她没有说："就算我们让你空等了一个小时，不过耳机还是要五块钱！"相反的，她免费在为乘客提供耳机。我看她转头对一位年轻男士说："先生，我敢保证您一定会喜欢我们的体育节目，请用耳机！"接着又对一位女士说："小姐，您是一个人旅行吧？想要我给您介绍一位朋友吗？"

等她来到我的座位时，我叫住她，对她说："博妮塔，我很欣赏你的态度！"当她面带灿烂笑容，戴着圣诞老人帽轻盈地走开前，对我开着玩笑说道："您可以做想做的任何事，只是可别对我做毒品测试哟！"

我无须测试她，我早知道她对生活充满了热爱。而"对生活充满热爱"，正是做了最好的选择后，得到的好的结果之一。

在以上这种情况下，有助于解决问题的重点不在"我们"与"他们"的对抗，也不是深究"他们为什么超收乘客？"，更不是分清"这是谁的失误？"

QBQ 比较好的问法是："这时候我该如何扭转现状？"

尽量善用不利的状况吧！

就是这么简单的选择，在不利的状况下做出最好的选择，博妮塔改变了我和同机旅客的心情。

"个人负责的精神"可以改变世界的方法就是：每次都做出一个最好的选择。

QBQ

读后感

18

主人翁精神

Ownership

人们常说，组织里需要一种"主人翁精神"。以下故事相当贴切：

我因为电话出现杂音，所以联络了电信公司派人来修理。于是，来了一位修理工人，他卖力地修了一阵子后便回去了。

可是，到了第二天，电话又开始出现杂音。这次来了另一位修理工人，更卖力地修理一阵子走后，问题还是没能解决。

第三天修理工人来了以后，我描述了前两天发生的问题，接着闭嘴等着听他抱怨，我估计他一定会说尽前两位同事的坏处。但他却没有这么做。相反的，他说了一句非常铿锵有力的话："米勒先生，我无法解释这种现象，但我很乐意为此道歉！"

主人翁精神就是：

承诺用自己的智力、心力和劳力解决问题，而且绝不再争功诿过。

你准备好作出这样的承诺了吗？

19

QBQ

团队精神的基石

The Foundation of Teamwork

你会不会看着展翅翱翔的雄鹰，说道："我希望它能像海豚一样在大海中遨游？"

你会不会看着一只海豚，希望它有一天像长颈鹿般顶天立地？

你会不会想："狮子为什么跑不过猎豹？"

当然不会。以上问题多荒谬啊！

你所处的团队中，有没有跟你不同的人？

"队友，就是你即使把他看透了以后，仍然觉得他是很好的人。"让我们欣赏每个人与生俱来的天赋与优点，这才是团队精神的基石。

团队精神的基石就是：欣赏团队中每个人与生俱来的天赋与优点。

QBQ

20

QBQ

提高个人责任意识，从"我"做起

　　我讲完有关个人责任和 QBQ 的主题后，一家企业的 CEO 起立致词，他对着数百人发表了关于提高责任意识的评论，并将下列文字信息投影在身后的大屏幕上：

"个人责任从'你'做起！"

　　我了解这当中要表达的意念，只是他没抓到重点。提高个人责任意识，不是从"你"做起，而是从"我"做起，也是之所以称为"个人责任"的原因。

　　"个人责任"不是把责任归咎于你或我。例如经理有责任设定标准、界定结果、协助员工制定目标后，就要求每个员工为自己的表现承担责任。

　　"个人责任"也不是整个团队的事，不是大伙儿聚在一块儿公开宣誓，过了一个礼拜或一个月后，再回来讨论实际的结果。

　　个人责任的意义是：

　　每个人要为自己的思想、行为及其产生的后果承担责任。

　　这就是为什么 QBQ 的第二条指导原则是：

　　所有 QBQ 都包含"我"，而不是"他"、"他们"、"我们"、"你"或"你们"。

　　包含"我"字的问题，把焦点从他人与周遭环境中移

转开，聚焦在自我本身如何能做得更好上面，这才是最有益于问题解决的做法。

你我无法改变他人，也往往无法控制环境与结局，我们真正能够掌控的，惟有自己的想法和行动。一旦把问题的焦点，摆在如何将力气与精神用在力所能及的事物时，将大幅提升我们的工作执行效率，更不用说使我们的心情更快乐，减少挫败感了。

通过团队做个有责任的人，是个很棒的途径。的确，中高层经理有必要设定标准并告知员工，但是"个人责任"的力量，却来自以"什么"或"该如何"发问，并包含"我"字在内的问题。

个人责任意味着从"我"做起！

读后感

21

QBQ

只能改变自己

I Can Only Change Me

面对现实，你惟一能改变的人是谁？我想你一定可以答对——你自己。

我敢说你早就懂得这道理。这么根本，这么简单。再问你一个问题：如果你一直在读这本书，你还会想到谁？在脑海中出现谁的影像？你想："我希望他们也知道这番道理，因为这其实对他们很有好处！"

这种事在我们的生活中经常发生。我们知道："我只能改变我自己。"但是当接着又问："你心里还希望谁改变？谁会需要 QBQ ？"我们通常会说："是他们！"

最近，你曾试图"调整"别人吗？这是我们确实常犯的毛病，但是，某些人并不认为自己正在意图改变他人。

一位非营利组织的董事，在一次圆桌讨论会上对着四位成员说："说真的，我并不是想改变我的助理，我真的不愿这么做！我只是想，她应该为自己设定更多长远的目标。"但这段话的意思是"我希望她成为我想要的样子。"

有些人知道自己正试着改变别人，只是不想承认罢了。

有一次，我和一位负责员工培训的经理，正为了 QBQ 的课程做最后安排，她问："你想知道副总裁为什么要安排这些课程吗？"

"当然，"我提高了注意力，不知道她接下来想说什么。

"他试图改变艾德的现状。"

改变艾德的现状？

她接着解释说，艾德是一位不称职的主管，但是副总裁并没有担起责任，也没有开诚布公地处理眼前的状况，反而要整个团队接受训练。"改变艾德的现状"这四个字在我脑海一再出现。

还有人把改变他人视为己任。我拜访过一位年近三十的男士，他竟然说："我相信'改变他人'是我的责任，因为我是管理者！"抱歉，管理者是无法改变人的。管理者可以担当训练、忠告、指导的角色，但是谁都无法改变他人。惟有当事人痛下决心，才可能从内心改变。

"是的，我只能改变我自己！"这是一门很难学会的功课。只是口头上说"懂了"，离真正了解了这一含义，并诚实检视自己的真实想法和行为，是有很大差距的。

我经常问我所接触的一些团队："你会为改善组织效能而作出哪一样改变？"通常，他们会列出一些"P"字开头的词，比方说：产品（Products）、促销（Promotions）、政策（Policies）、流程（Process）、过程（Procedure）、定价（Price）以及人（People），更多人、更少人、不一样的人，有人还回答"百事"（Pepsi）。（没错，是百事。）"要是休息室的自动售货机从卖可口可乐改变成百事可乐，那该有多好啊！"

在被问到想改变什么来改善现状时，人们的脑袋里充满各式各样的想法。请猜猜看哪个答案从没有人说过？——"我！""我会改变自己，让组织经营得更有效能。"

有人曾表示这问题明显存在误导，但我并不苟同。

请再翻阅前面所讲的 QBQ 的主旨。一般我们的心根本不在自身，我们的想法，几乎都先专注在其他地方。但 QBQ 用"什么"或"该如何"的方式发问，并包含"我"字在内的问题，能够帮助我们把注意力带回到自己的身上。

如果我们全都在实践着塑造自己、而不是改变他人的想法与行动，那么世界将更美好。重点是，QBQ 之所以有用，因为它是基于这一项事实，那就是：

> 面对现状，我只能改变我自己。

22

QBQ

"我不再试图
改变别人"

"He didn't, I did."

有一天，在我结束演讲后，有一位嘉世腾（Jostens,专门制作纪念章和纪念册的公司）的中层经理走上来对我说，"我只能改变我自己"的观念确实对她有很大的触动。

她解释说："当我还在分公司担任经理时，有一位属下几乎没法管理，我们处得糟透了，因此当他调到其他地区的另一个营业点时，我如释重负。"

"后来过了几年，我们碰巧又在同一办公室工作，而且我又成了他的上司。不过这次情况大不相同了。"她说。

"我们处得很好，沟通顺畅，而且在各种项目计划上合作得非常好。于是我问自己：'他什么时候改变的？'但我发现，改变的不是他，而是我！"

"你怎么改变的？"我问。她的回答一针见血："我不再试图改变他。"

能改变的只有你自己！

23

QBQ

从自身做起吧！

"When will others walk their talk?"

　　一群高级主管，到一座山上的度假村举行高层战略研讨会。三天下来，他们对重大的议题进行了辩论，用色彩鲜艳的墨水笔画满了图表板。最后，他们人手一份"使命、愿景与价值观"的"圣旨"，回到工作岗位。那里的人们正等着"接旨"。"旨意"像变魔法般被记录在口袋型的小张薄卡片上，便于男士放进衣服兜里，女士塞进公事包里。

　　过了不久，大伙挤在一台冷饮机旁，取出各自的卡片，不约而同轻声说道："我没做到，别人也没做到呀，等到别人都做了以后，我再做吧！"

　　小心了！最容易看到的，往往是别人办不到的事。

　　某位经理说："我在此的目的，是帮助各位达成自己的目标。"接着又当着大家的面贬损别人。

　　高级主管说："每个人都被赋予充分的权力。这是我们的新计划！"接着又补上一句："不过，在你们采取重大行动前，请先征询我的意见。"

　　团队成员说："我欣赏同事们的性格……但是，如果他们更像我一点就太好了。"

　　有一个组织在大厅墙上得意地宣布他们新定的指导原则："员工是我们最宝贵的资产！"可是，训练经费却是最后被纳入预算，而且最早被砍掉的。

　　"言行一致"的定义是：

说到做到，心口合一。

QBQ 的思维之所以最终能使我们做到言行一致，是因为 QBQ 的思维都是从"我"而不是从别人做起，以这样的方式提问："我该如何将我认同的原则付诸实行？"而不是问："他们什么时候才会说到做到？"

> 让我们先从自身做起吧。

QBQ

QBQ！问题背后的问题　The Question Behind the Question

读后感

24

QBQ

你 "言行一致" 吗?

An Integrity Test

　　这里是一个言行一致的测试题，适用于每位组织内的成员："我们在工作时和在自己家里时，发表的对自己所在组织的言论是一致的吗？"

　　如果上班时歌功颂德，下班回到家后却坏话说尽，那么我们就必须作出选择了。下列这个观点值得每个人仔细思考：

要么做到言行一致，要么选择离开。

　　有点耸人听闻吗？或许吧。但是，如果组织不再是我们达成人生目标的舞台，那又何必要继续做下去呢？

　　诚实回答本篇一开始的测试题，是提高个人责任意识的一部分。

> 在工作中要么选择言行一致，要么选择辞职离开！

25

"个人" 的力量

The Power of One

刚开始学习 QBQ 思维时，最多人问的问题是："我们能做到什么？"其实这个问题的意思就是，即使我改变了，但"**我们**"没有改变，团队、部门和组织也没有改变。

其实，"**我们**"的改变，是通过包含你自己在内的个人的选择，一点一滴地发生改变的。

虽然我也是团队观念的坚贞信徒，但如果不小心谨慎，到头来可能演变成用团队的语言——"**我们**"，来取代和掩盖个人的责任，抱着下列的想法隐身在团队中，例如：

"团队没赶上期限。"

"团队没有获得足够的资源。"

"团队没把事情做好。"

"团队的任务不明确。"

"团队没有合作好。"

个人责任的重点不是期盼他人首先改变，或是改变他人，而是首先改变自己，进而改变现况。

因此，个人责任，可以说就是"个人"的力量。

> 不要用对"我们"的指责，来掩盖个人责任！

26

QBQ 的祈祷文

A QBQ Twist

或许你早已熟悉神学中的祈祷文：

"愿上帝赐我平静，接受我无法改变的事。"

"愿上帝赐我勇气，改变我能改变的事。"

"愿上帝赐我智慧，明辨是是非非。"

QBQ 将这篇著名的祈祷文修改成人人适用的祈祷文：

"愿上帝赐我平静，接受我无法改变的人。"

"愿上帝赐我勇气，改变我能改变的人。"

"愿上帝赐我智慧，了解我自己这个人。"

27

QBQ

谁能做真正的榜样，
请站出来！

Will the Real Role Models Please Stand Up!

如果看见好莱坞影星、运动明星、流行歌手或政治家等公众人物插队，我们肯定会大惊小怪地说："真丢脸！竟然做儿童的坏榜样。"

然而实际上，公众人物都无法成为孩子的榜样。

做榜样是你我的责任。

有时这是用以鞭策自我的觉悟，但却是真理。

对每个人都是如此。无论扮演哪种角色，都有人正在观察、仿效我们的所作所为。

对每位老师来说，"为人师表"是最具影响力的行为。

谁正在观察仿效你呢？

28

QBQ

实践个人责任

Practicing Personal
Accountability: All QBQs Focus on Action

一家不久前刚经过了大规模兼并重组的公司，举办了一场 QBQ 讨论会，会后，一位中级主管走上来，和我讲了他学习 QBQ 前后思想意识上的变化。

就在早上来参加我们上午的课程前，他一直在抱怨位于新泽西州的新的母公司的一些规定，严重妨碍到他所属业务单位的运作，无奈、愤怒、焦虑的情绪，让他感到压力几乎不能承受。

经过一个多小时的 QBQ 课程后，他开始以不同的方式思考问题。他决定要立刻定机票飞往东部（总部位于美国东部的新泽西），因为他已经想到了这是通过改变自己改变现状最好的方法。

这正是实践个人责任的最佳范例。

首先，他决定停止抱怨，问一个比较好的问题，如："我能怎么做？"而这时比较好的答案就出现了："你其实知道，那就是和他们一起坐下来，共同商讨如何解决提出的这些问题！"

他也立刻这么做了。他拿起话筒，当即订了机票。

就这么简单，QBQ 的终极目标就是"行动"！

第三个指导原则是：所有 QBQ 都将焦点放在了行动上。为了以行动为焦点，我们在问题中添加了如"做"、"制造"、"完成"以及"建立"等动词 而且这些问题都加上

"什么"或"该如何"来发问，并包含"我"在内。

如果就此打住，这时 QBQ 听起来会像是："我做什么？"或"我该如何建立？"为了避免听起来像是山顶洞人时代讲的话言，我们又加进一二个字，例如："能够"或"愿意"，以及"现在"或"今天"，最后便成了意思清楚完整的问题，例如："我现在能做什么？""今天我该如何扭转现状？"

如果不问自己能做什么、制造什么、完成什么或建立什么，就无法做、制造、完成或建立。道理就是这么简单。只有付诸行动，才能有所收获。

> 所以，实践个人责任的方法是：先提炼自己的想法，接着问比较好的问题，最后付诸行动。

读后感

29

什么都不做的风险

有一位金融机构的高级领导人告诉我："有时人们对我说：'我不想冒险。'我就跟他们说：'最好还是冒点险吧，因为在本栋大楼中，此刻有十几个人正坐在电脑前，企图把我们干掉！'"

这话是什么意思？没有人能一辈子保有工作，今日不主动积极，明天保证没有工作可做。采取行动也许有些风险，但"什么都不做"才是最大的风险！

即使行动中蕴藏风险，但"不行动"这项替代方案，却几乎永远不可能成为你更佳的选择：

- 即使行动导致错误，却也带来了学习与成长。不行动则是停滞与萎缩。
- 行动的结果是解决。不行动充其量是维持现状，并让我们一直活在过去。
- 行动需要勇气，不行动往往表示恐惧。
- 行动建立信心，不行动助长怀疑。

有位朋友说："被人告知'你等会儿'的人，一定会比等着被告知的人成功。"

先仔细想想看，决定下一步该做什么之后，就立刻付诸行动吧！

30

QBQ

别说个人的影响力
微不足道

"Thanks for Shopping at the Home Depot!"

几个礼拜前，朱迪刚到家得宝百货公司当收银员。一天早上有一位年轻男士在她的收银台前排队，显得是在赶时间的样子，他很快将几件物品重重地放在柜台上，又丢了一张百元大钞，结果他所买物品总共只花了两块八角九分。

"请问您有零钱吗？"朱迪问。

"没有耶，抱歉。"

在那一刻，朱迪必须作出选择。

由于当天刚开始营业，因此收银机中只有区区四十块钱。公司规定的标准程序是：想要找开百元大钞，必须把钞票放进输送管，送到办公室去。但是朱迪想，如此一来将耗掉这个顾客太多宝贵时间，更别说后头还排了一大串顾客了。

于是她这么做：把钞票还给年轻男士，伸手进自己的钱包，拿出两块八角九分放进收银机，然后撕下收据，她面带笑容对顾客说："感谢光临家得宝百货！"

这位男士愣在那儿半天才弄清楚她做了什么。最后，他在目瞪口呆中向她再三道谢后离去。对朱迪而言，这件事就到此为止了。

两天后，朱迪的上司带着困惑与讶异的表情，拿着一只信封去找她。

"朱迪，我想了解一下，"他说，"你前几天是不是帮一位顾客买单了？"

　　她几乎都忘了这事了，"嗯，好像有吧。"

　　"这样啊。他寄小费给你。"他说，"但身为家得宝百货的员工，我想你一定知道我们是不收小费的。"

　　"我不想要小费，"她回答，接着又问："有多少小费？"

　　"他给你了一张五十元的支票。"

　　"哇！那如果我把支票背书，然后存进我们自己的买比萨饼基金，让所有同事都来分享，您觉得怎么样呢？"

　　"好啊，"他说，"就这么办。"

　　于是这笔钱成了大伙的比萨饼基金，没有人再去多想这事。

　　次日，这位年轻男士又出现在她的收银台前，这次他带着自己的父亲——约翰逊建筑公司的老板鲍伯·约翰逊。

　　老约翰逊为什么会来呢？朱迪这时提的问题是："建筑商怎么会来这里？"

　　可以期待的比较好的答案就是——采购建材！在家得宝采购建材。

　　老约翰逊先生对朱迪说："我想让你知道的是，正因为你前几天以特殊的形式帮了我儿子的忙，我们已经决定开始向贵公司采购所有建材了！"

　　了不起吧！请不要再说一个人的影响力是微不足道

的，何况他或她又是个愿意尝试和冒险的人。

我们再回顾一下整件事的经过：

朱迪当时可以说是进退两难。这位年轻人正在赶时间，后面又排了一大堆人，而标准程序规定得让所有顾客等她把零钱找开才行。在当时的状况下，压力并未使她昏了头，如果那时她心里这么想："我怎么这么倒霉，偏碰到这种事？"或干脆说："抱歉，请稍等，这是公司的规定。"之类的话而让顾客苦等，结果可想而知。相反的，朱迪保持冷静，决定以实际行动来服务顾客。这就是 QBQ 的服务精神，其结果也证明是值得冒险去做的。

故事还没有结束。老约翰逊先生说完一番话以后，年轻人靠近柜台，对朱迪轻声说道："朱迪，有件事我一定要知道。"

"知道什么？"她也轻声回答。

"你帮我买单那天……去请示了多高层的主管？"

不要低估个人的影响力！

31

QBQ

人人都是领导

Leaders at All Levels

你是领导吗？许多人在回答下列问题时感到比较困惑。"究竟我是领导，还是我的老板才是领导？公司的总裁是领导吗？那部门的副总裁呢？"或者会想："也许领导就是被冠上'小组长'之类头衔的同事吧。"

不过，我倒是遇见一位完全没有这类问题的人。我问某个团队的成员："你是领导吗？"这时一个人从后排跳起来，大声叫道："我是领导，米勒。我就是领导！"

我问他："先生您尊姓大名？"他说："我叫吉姆·**领导**"。这是个真实的故事。我查了他的驾照，的确是真的：姓名——领导，三十三岁。你知道那意味着什么吗？至少三十多年来，他不仅能信心十足地说："我是领导！"也可以说："我生来就是领导！"

但对多数人来说，事情可没那么简单。我们往往认为，领导只跟头衔、地位、被管理的人数与金额多少，或者是否取得某个"终身职务"有关。

我发现最有意思的莫过于"终身职务"，当我听到某人大言不惭地说"我在这个岗位上工作已经超过十二年了！"的时候，我只能想像同组织的人会说："是啊，或许这正是你的问题所在！"

别误解我的意思，忠诚是值得钦佩的特质。但一个人任职时间的长短，不表示他能成为这个岗位上称职的领导，充其量只是一个拥有经理或副总裁头衔的人罢了。拥有好车、住漂亮的房子，当然也无法用来评估一个人的领导能力。

领导力与个人的思维方式息息相关，而与承担的角色与级别无关。领导就是那些时时刻刻都在提炼自己的想法，以承担个人责任为己任，不断作出具有积极意义的选择并付诸行动的人。

所以，接待员、工程师、业务员、临时工、收银员等，每个人都可以成为领导。朱迪肯定是领导。父母呢？毫无疑问，父母可能是目前最重要的领导角色。

你是某人的朋友、运动队的教练、志愿者，或是在工作中需要与他人打交道的人吗？

还是这句话，只要用领导的角度思考，你就是领导。

现在我再问一次：你是领导吗？想想吧。

> 领导就是：
>
> 　时刻在提炼自己的想法，
>
> 　以承担个人责任为己任，
>
> 　不断作出具有积极意义的选择并付诸行动。

读后感

32

QBQ

谦逊是领导的基石

The Cornerstone of Leadership

还记得第 1 节提到的雅各布·米勒吗？在石邸餐厅工作的 QBQ 英雄，也是请经理去帮我买健怡可乐的那位服务员。不过，雅各布不是故事中惟一的主人翁；他的经理也是，而且现在是该赞许她的时候了。

试想，雅各布跑去跟她说："嗨，经理，可否请你去帮那位客人买杯健怡可乐？"她会怎么回答呢？——"好啊！"

不过更重要的是，她没有用下列几句话顶回去：

"等一下，雅各布，这里究竟是谁做主啊？"

"现在这么忙，你还管这么多闲事干吗？"

"请做好分内的事，这么多人等着呢！"

"还记得你上次犯的错吗？"

"嘿，狂啊！我不知道你最近帮我做了什么事？"

或者："让我瞧瞧你的考核记录，看分数到了没。如果分数够高，我才愿意帮你。"

她原本可以问诸如此类的问题，但是她没有。相反的，她当下就为雅各布服务，就像她服务公司内外的任何一位顾客一样。

她没有说："除非你成功，我才为你服务。"而是说："我为你服务，好让你成功。"

不是"我是你主管，所以你该听命于我，"而是"身为领导者，所以我应该帮助你达成你的目标。"

"服务型的领导风格"正是 QBQ 的作风，需要一个谦逊的灵魂，外加一个仆人的心。

谦逊是领导的基石。

读后感

33

QBQ

领导者不是问题
的解决者

Leaders are Not Problem Solvers

　　在家乡丹佛市演讲完后，我和一位与会的女士一同搭酒店的电梯下楼，她认真回顾笔记，陷入深思当中。

　　来到大厅前，她看着我说："所以，你的意思是，等我回到办公室后，应该帮别人做他们该做的事吗？""哇，这是哪门子的歪理啊？"我心想，"我一定没有把话说清楚。"

　　让我澄清一下：QBQ 并不是纵容别人，一肩扛起别人的义务与责任，更不是单靠自己的力量，为别人代劳。换句话说，QBQ 不是服务他人，而是"不服务"任何人。

　　管理者都跳起来亲自把交易结案，项目领导人揽下整个团队的任务，父母替子女整理房间，这些行为都不具有正面教育的意义，也没有增加任何实质价值。

　　就像我的导师史蒂芬·布朗经常告诉大家的："领导并不是问题的解决者，而是问题的给予者。"他们让属下面对问题，思考自己的解决方法并采取行动。如果不是这样，我们还能学习到什么呢？领导又有什么不同于其他人的作用呢？

> 领导并不是问题的解决者，而是问题的给予者

34

QBQ

"错问题" 大全

A Great List of Lousy Questions

卡尔森营销集团的总裁吉姆·莱恩坐在办公桌前，他的态度亲切有礼貌，但碍于时间压力显得有点坐立不安，因为他只有短短三十分钟时间会见来访者。

做过简单开场白后，这位虽无显赫头衔，却仍希望引起潜在顾客兴趣的年轻访客问："吉姆，不知道您是否听过以下的问题。"然后他说出了几个他认为的"错问题"与对方分享。

接下来出现销售上所谓的"致命停顿"——问了一个问题后，得到的不是立即回应，而是对方以空洞的眼神看着你，有时甚至是目露凶光。

房间中"致命停顿"的气氛，就像空气中漂浮着一片沉重不祥的云朵，让人喘不过气来。访问者开始冒汗。过了好一阵子后，吉姆笑着说："哇，真是很棒的错问题大全呀！"

的确！以提出错问题入手果然有效，他的兴致已经被挑起来了。以提出这些问题引起对方兴趣之所以奏效，原因是他跟多数人一样，过去都曾听过这些错问题。坐在访客椅子上的我也以笑容回应，对开拓一段成功的关系充满信心。

现在来看看我们自己常提出的错问题吧。每个人在一生中扮演各种各样的角色，每个角色各有挑战与挫折。读到以下角色的错问题和 QBQ 建议的正确问题时，让我们想想自己可能问过哪些错问题，更重要的是，这些问题可以用哪些 QBQ 的正确问题来取代。

角色：客户服务

"运输部门什么时候才能准时送货？"

"客户的期望为什么这么高？"

"究竟什么时候，营业部才能不出差错？"

"顾客为什么老是不看使用说明？"

QBQ：

"我该如何服务客户？"

角色：销售

"我们的产品为什么定价这么高？"

"别人的批发价比我们低，所以我们的产品没法卖！"

"我们要到什么时候，才会更有竞争力？"

"顾客为什么不回我电话？"

"营销部为什么不提供更吸引人的宣传用品？"

"制造部为什么做不出像人家那样好卖的产品？"

QBQ：

"现在我该如何提高工作效率？"

"我该如何为我的顾客提升附加价值？"

"我如何能基于现状找到更有吸引力的卖点。"

角色：运营或制造

"销售人员为什么不先考虑我们的能力范围，再提出要求？"

"他们究竟要到什么时候，才能学会卖正确规格的产品？"

"他们不事先沟通好，怎么就要求我们这么做？"

QBQ：

"我该如何更了解销售部门所面临的挑战？"

角色：经理

"年轻人为什么都眼高手低的？"

"什么时候才能找到合适的人才？"

"他们为什么不主动积极？"

"这是谁的错？"

"他们为什么老是不准时上班？"

"什么时候他们才了解我这是为他们好？"

QBQ：

"我该如何进行指导与培训？"

"我该如何更了解每位团队成员？"

角色：高级管理者

"这是谁的失误？"

"究竟要到什么时候，员工才能理解公司的愿景？"

"谁会跟我一样在乎这件事呢？"

"市场什么时候才会好转？"

QBQ：

"我该如何成为更好的领导者？"

"我如何能够更好地带领团队？"

"我该如何使事情的沟通更顺畅？"

角色："第一线"工作人员

"我们为什么要忍受这些改变？"

"究竟什么时候，才会有人来指导、训练我？"

"为什么老是不加薪？"

"谁来明确我的职责？"

"领导们什么时候才能行动一致？"

"谁来告诉我们的愿景呢？"

"我做了这些事，他们怎么就没发现呢？"

QBQ：

"我该如何提高自己的业务能力呢？"

"我该如何适应变化的环境？"

"我该如何充实自己？"

"我该如何更了解公司？"

角色：营销

"究竟要等到什么时候，销售部才会执行我们的计划？"

"销售部门为什么不多了解我们的新产品？"

"这么好的计划，由于他们执行不利搞砸了。"

"领导怎么就不理解我们的用心呢？"

QBQ：

"我该如何更了解销售人员的苦衷？"

"我该如何多了解顾客的需求？"

工作外的世界——

父母：

"究竟要等到什么时候，孩子才会听我的话？"

"我的女儿为什么老是跟那种类型的朋友混在一块呢？"

"是谁把客厅弄得一团乱？"

"你为什么不跟好的同学多学学？"

"你什么时候才理解父母的心呀？"

"到底什么时候你才能够不让我操心！"

QBQ：

"我该如何多了解孩子的想法？"

"我该如何改进做父母的技巧？"

"我该如何帮助孩子度过这几年辛苦的日子？"

"我采取怎样的更为孩子接受的方法与他交流？"

青少年：

"父母究竟什么时候才能理解我的想法？"

"他们为什么不喜欢我的朋友？"

"老师为什么这么刻薄又偏心？"

QBQ：

"我该如何对爸妈表达更多敬意与爱意？"

"我该如何做更有效的沟通？"

"我该如何改进读书的习惯？"

夫妻之间：

"他为什么老是翻旧账？"

"她什么时候才更欣赏我？"

"你为什么不开始运动？"

QBQ：

"我该如何改掉自己的毛病？"

"我该如何想办法助她一臂之力？"

邻居：

"他们为什么这么不友善？"

QBQ：

"我该如何当个友善的邻居或朋友？"

志愿者：

"为什么我得事必躬亲？"

QBQ：

"我该如何更明确地划分职责，并且委婉拒绝？"

你想问错问题，还是 QBQ？选择权就在你我的手上。让我们作出更明智的选择，因为我们问的问题不同，将使对方有不同的感受，并产生不同的效果。

> 问正确的问题！

35

QBQ

QBQ 的精神

The Spirit of the QBQ

有个行之已久的法律原则说：法律的"文义"和"内涵"不能等同视之。法律的文义是指法条本身所用的确切文字，法律内涵则指立法的基本原则与立法目的。但基本而言，法律的文义应该与法律内涵保持一致。

同样，QBQ 的文义也应该就是指导原则。

QBQ 的文义：

- 以"什么"或"该如何"形成问句，而不是"为什么"、"什么时候"或"谁"。

- 包含"我"字在内，而不是"他们"、"我们"、"你"或"你们"。

- 将焦点放在行动上。

QBQ 的内涵是"个人责任"：

- 别再有"小媳妇"的心态，别再拖延、推诿或怪东怪西。

- 我只能改变我自己。

- 立刻就去执行！行动高于一切！

我之所以提到 QBQ 的内涵，原因是提出的问题可能符合 QBQ 的文义，却不符合 QBQ 的精神，请看以下例句：

"我该如何来改变你？"

"我该如何避免为这件事负责任？"

"我如何为办错的这件事辩解？"

或者是我儿子最爱的："今天我可以怪谁？"

（好嘛，我儿子连文义的部分都没遵守。）

其他问题虽然遵守了 QBQ 的文义，但显然不是 QBQ。所以 QBQ 的原则如下：违背 QBQ 精神的问题，就不算是 QBQ。

只有 QBQ 文义与内涵相一致的问题，才能帮大家做个有责任感的人。

- 别再有"小媳妇"心态，别再拖延、推诿或怪东怪西。
- 相信我只能改变我自己。
- 立刻就去执行！行动高于一切！

QBQ

读后感

36

QBQ

学习箴言

Wisdom

在了解了以上内容后，我们学会了什么？

我仍然还有不懂的地方。你呢？

读后感

37

QBQ

买很多书不代表
学会很多东西

We Buy Too Many Books

我们常犯的毛病是：参加太多研讨会、上太多课、买太多书。但是，如果不清楚"学习"的真谛，以上所述可以说是"浪费"。

学习并不只是参与，听或读，学习也不只是获取知识。

事实上，学习是把"知道的"转化为"行动"，所以，学习是一种改变。

如果我们选择不改变，表示选择不学习。

如果我们只了解，但没有执行，没有付诸行动，那么，你就没有达到学习的目的，没有学会任何东西。

> 你今天学会了什么？

38

QBQ

真实的故事——个人
责任意识的写照

A Final Picture

　　某个起风的星期天下午，我们一家人正驾车驰骋在高速公路上，这时眼前出现一个让人吃惊的景象——路边有一位坐着轮椅的男子，被淹没在一片散乱在地的报纸中。他艰难地从轮椅上下来，试图把那些散乱在地，并正在被风吹得漫天飞舞的报纸捡起来。他想用手抓住报纸，但在强风的鼓动下，报纸正在被吹向更远的地方。我的大女儿克丽丝汀从汽车后座上叫道："爸爸，我们去帮帮他吧！"我立刻将车停在了路边，全家下车一起帮助捡拾漫天飞舞的报纸。我一边不断地追回报纸，一边递给这位残疾男子，我同时也特别想知道这里到底发生了什么事。

　　俗语说得好，人多力量大，事情很快就解决了。当我们全都来到这位男子身边时，他正将身体斜靠在轮椅上，手中紧抓着拾回来的几张报纸，默默地看着我们，似乎想说点什么。

　　其中一个孩子问他："发生什么事啦？"他用一只抖到几乎无法用力的手臂支撑身体奋力坐回轮椅，说道：我刚才运报纸回家，但到家后发现轮椅后座上一整叠的报纸不见了。当我开车返回来寻找时，就看到了这里遍地的报纸，真是不敢相信我的眼睛！"

　　我不假思索地问："你打算自己一个人把报纸捡干净吗？"

　　他看了看我，好像我没弄懂似的，然后说："我不能一走了之啊！这是我造成的。"

这是我造成的，就是我的责任，我就应该去收拾。这就是个人责任的最佳写照。本书从一开始就阐述，个人责任不是去责怪、抱怨、拖延、推诿，而是首先问："我能做什么？"然后采取行动。

我们为建构更佳问题提供的指导原则是：所有真正负责任的提问都以"什么"和"该如何"发问、包括"我"字在内，而且将焦点放在行动上。指导原则说，问负责任的问题正是提炼思维，并作出更佳选择的方法。

现在当我们走出去，将 QBQ 原则运用在日常生活中时，要时时记住这么做的真正理由。

人们这么做，是因为赞同书中某些人的行为，并且愿意向他们学习，这些人分别是：石邸餐厅的服务生雅各布、史黛西的飞行员父亲、空服员博妮塔、家得宝百货公司的收银员朱迪，以及为了"他捅的娄子"而满地捡报纸的"残障"朋友（他叫布莱恩）。

他们都不懂什么 QBQ 原则，但每个人都具体呈现 QBQ 的精神。许多同我一样在第一线工作的人们，都该学会 QBQ 原则。或许我们并不是时时刻刻需要它，但是我们需要它来彻底改变自己的人生。

我们该学会 QBQ 的原则，使组织内的成员不再互相指责、推脱、拖延和彼此对立，而是激发彼此的至善之心，彼此同心协力、同舟共济，让美好的事情不断发生。

　　我希望各位同我一样，充分领会这令人兴奋的愿景，如果更多人实践个人责任的精神，世界将更加美好。

　　　　QBQ！问题背后的问题。希望它对你所做的一切都有帮助。

39

学习的动力

The Motor of Learning

"重复"是学习的动力。

再说一遍。

"重复"是学习的动力。

没听清楚，再说一遍。

"重复"是……

喔，我懂了……

很好。

既然现在你已经读完本书，请再读一遍。

感谢各位同我一起欢笑、一起学习！

QBQ 对你真的很有帮助！

希望你会喜欢！

感谢篇

很感谢：

大卫·莱文，我的好朋友、演说指导者，也是写作的伙伴。没有他的点子，就没有这本书。

戴比·哈瓦斯，技术精湛的专业撰稿人。

约翰·沃克，封面设计师。

艾米·桑顿，本书的版面设计专家。

莫林·加西亚，优秀的插画家。

特别要感谢我最重要的团队——位于丹佛的我的家庭。孩子们：克丽丝汀、塔拉、麦克、茉莉、沙琳、杰西和塔沙。在进行这个写作计划期间，忍受忙得四脚朝天的老爸。我的妻子凯伦，她温柔地鼓励我重写第一本著作《个人责任》，更重要的是她也是我最好的朋友。

QBQ！团队联络方式

大卫·莱文（David Levin）

目前最佳的演说指导者，也是本书背后的梦想来源。

1-877-529-2190　　david@QBQ.com

戴比·哈瓦斯（Deb Hvass）

最杰出也最投入的专业撰稿人。

1-507-663-1129　　dhvass@rconnect.com

　　QBQ 网站：www.qbq.com，欢迎参与 QBQ 讨论，了解 QBQ 在其他组织中的实践。

成功实践 QBQ! 原则的组织

American Express　运通银行

American Express Financial
　　Advisors

American Society for Training &
　　Development

Bank of America　美洲银行

Bankers Life Insurance

Banta Direct Marketing

Bayer Corp.　拜尔公司

BB&T Bank

Bell Canada

Coca-Cola　可口可乐公司

Country Financial/Insurance

Country Inns and Suites

Dell Computer　戴尔计算机
　　公司

FedEx　联邦快递

First Charter Bank

Fleet Bank

Ford　福特汽车

GE Commercial Finance

General Motors　通用汽车

Hewitt Associates　翰威特咨询

Home Depot　家得宝

Horizon Fitness

Huntington Nat'l Bank

I.R.S.　美国国税局

Marriott Hotels　万豪酒店集团

MasterCard　万事达信用卡

Masterfoods USA (Mars)　玛氏食品

McGraw Hill　麦格劳希尔

Medtronic　美敦力

Merck Pharmaceutical　默克制药

Minnesota Mining & Mfg. – 3M 公司

Mitsubishi　三菱

Motorola　摩托罗拉

Moore's Electrical & Mechanical

National Association of Geriatric
　　Nurses

Nextel

Nokia　诺基亚

Northwest Airlines　西北航空

Occidental Petroleum　西方石油

Oracle　甲骨文公司

Pfizer　辉瑞制药

Procter & Gamble　宝洁公司

Quixtar (Amway)　捷星（安利）

Royal Bank of Canada

Sun Microsystems　太阳微系统

Target Corp.

中国交通银行

上海大众

北大方正

中国胜利油田

北京神州天海科技有限公司

西门子管理学院

……

**1000 多个组织成功进行了
QBQ! 原则的实践。**